맛있는 주니어 중국어 2

교체 연습

그림을 보고 미완성의 문장을 완성한 후,
주어진 단어로 교체 연습을 합니다.
그림에 맞는 문장으로 완성하면서
정확한 표현을 익힐 수 있고,
주어진 다양한 단어로 바꾸어 말하기 학습도 가능합니다.
주어진 단어 이외에도 친구들과
여러 가지 다른 표현을 적용하여 연습해 보세요!

그림 보고 대화하기

본문에서 배웠던
재미있는 대화문을 복습합니다.
해석을 보고 상황에 맞는 문장을
스스로 말할 수 있어야 하므로
단순한 학습이 아닌
능동적인 중국어 공부가 가능합니다.
친구들과 서로 역할 설정을 하여
주고받으며 대화해 보세요.
중국어 실력이 쑥쑥 자라날 것입니다!

단어 연습하기

퍼즐을 맞추듯 조각조각 떨어져 있는 단어를 조립하여 단어를 완성해 보세요.
퍼즐 조각을 올바르게 맞추었으면 뜻을 찾아 연결한 후 직접 써 보세요.
직접 연결하여 손으로 쓴 단어는 절대 잊어버리지 않을 테니 꼼꼼히 학습해 보세요!

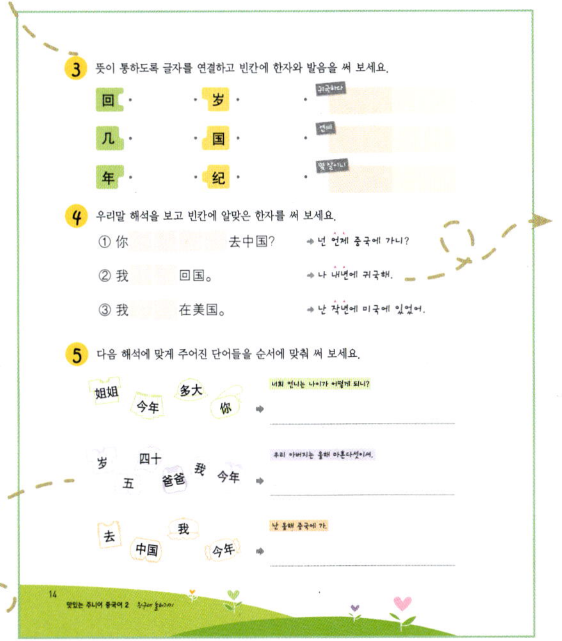

빈칸 채우기

메인북에서 배웠던 단어들을 기억하여 문장을 완성합니다.
문장을 이루는 데에 꼭 필요한 중요 단어들을
빈칸에 넣어 완성하는 문제로,
단어 학습은 물론 문장 완성의 학습 효과까지
가져다줄 수 있습니다.
문장을 완성하고 여러 번 읽으면
말하기 학습 효과까지 있다는 것 아시죠?
많이 연습해 보세요!

문장 완성하기

무작위로 놓여 있는 한자를
해석된 문장에 맞춰 올바른 순서로 나열해 보세요.
중국어 문장이 어떻게 이루어져 있는지
한눈에 알 수 있는, 효과가 아주 큰 문제랍니다.
여러분의 중국어 학습이 수월해집니다.

한자 쓰기

메인북에 등장했던 주요 한자를
획순에 맞춰 써 봅니다.
발음과 뜻, 한자까지 함께 보면서
쓰기 연습을 할 수 있어
다방면으로 학습이 가능합니다.

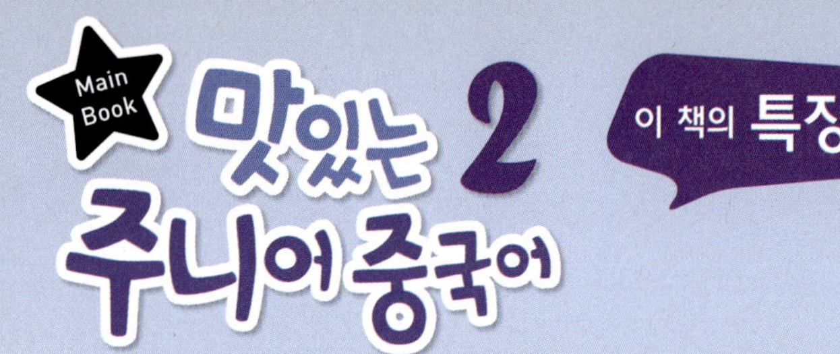

이 과에서는요!

표현 쏙쏙! 단어 쑥쑥!

이 과에서 어떤 표현을 배우게 될지 미리 알아봅니다.
회화를 배우기 전에 회화에서 쓰이는 단어를
먼저 공부하도록 합니다.

맛있는 회화

주인공 민호, 윤아, 동민 그리고 하나의
재미있는 이야기가 펼쳐집니다.
우리 친구들이 좋아하는 만화로
구성되어 있어 한층 더 흥미를 돋우었습니다.

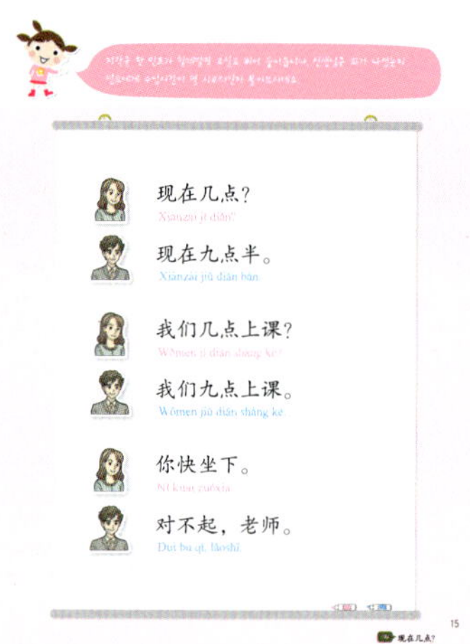

표현 즐기기

회화에서 주요하게 쓰인 표현에 대한
다양한 예문을 가지고 학습합니다.
친구들과 역할 설정을 하여
여러 번 말해 보세요.

잘 듣고 쓰기

지금껏 학습한 내용을 다양한 듣기 문제를 통해 복습해 봅니다.

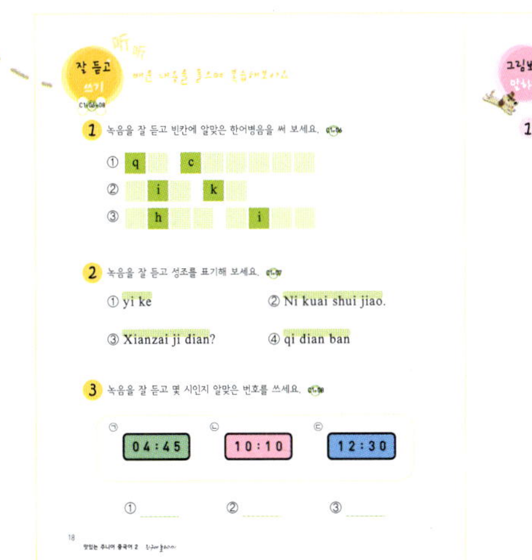

그림보고 말하기

그림을 보고 어떻게 말하면 좋을지
한 번 더 생각해 보고,
알맞은 답을 찾는 문제입니다.
회화 실력을 한층 더 올려줍니다.

똑똑한 단어

중국어로 말을 하고 싶은데,
모르는 단어가 많다고요?
각 과의 주제에 해당하는
심화단어를 예쁜 삽화와 함께
보여줍니다.

신나는 중국 동요

중국 어린이들이 즐겨 부르고,
즐겨 말하는 동요입니다.
소리 내어 발음하면 참 재미있어요.

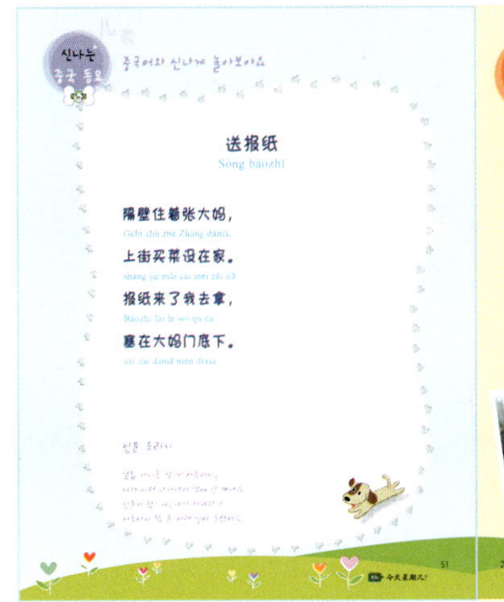

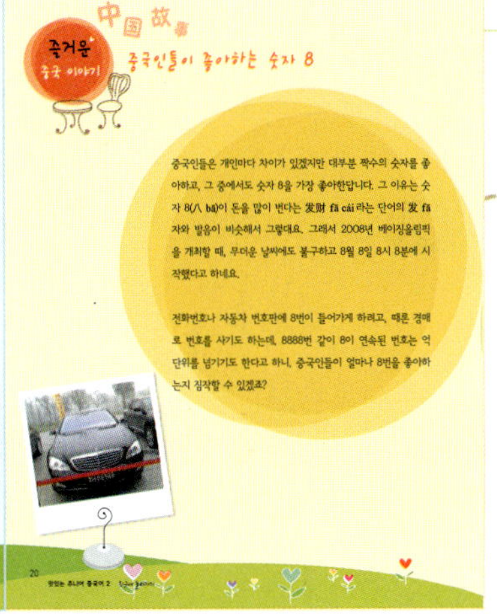

즐거운 중국 이야기

각 과의 주제와 관련된
중국 이야기를 담았습니다.
잠시 쉬어가며
친근한 중국을 느껴 보세요.

지금이 몇 시니?

现在几点?
Xiànzài jǐ diǎn?

1 그림에 맞는 문장을 만든 후, 주어진 단어로 교체 연습해 보세요.

① 

➡ 他 ________ 起床。

七点
六点一刻
八点三刻

② 

➡ 她 ________ 睡觉。

十点半
十一点五分
九点三刻

③ 

➡ 我 ________ 下课。

三点
五点十分
四点半

2 그림을 보고 대화를 완성한 후, 친구들과 큰 소리로 대화해 보세요.

뜻이 통하도록 글자를 연결하고 빈칸에 한자와 발음을 써 보세요.

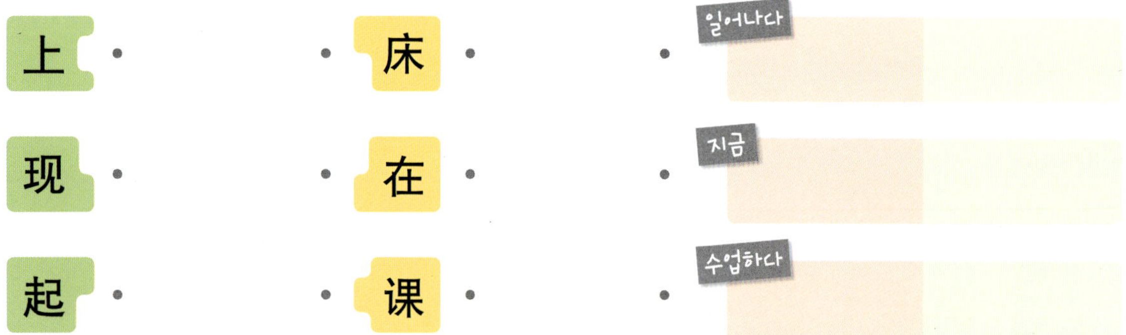

4

시계를 보고 빈칸에 알맞은 한자를 써 보세요.

5

다음 해석에 맞게 주어진 단어들을 순서에 맞춰 써 보세요.

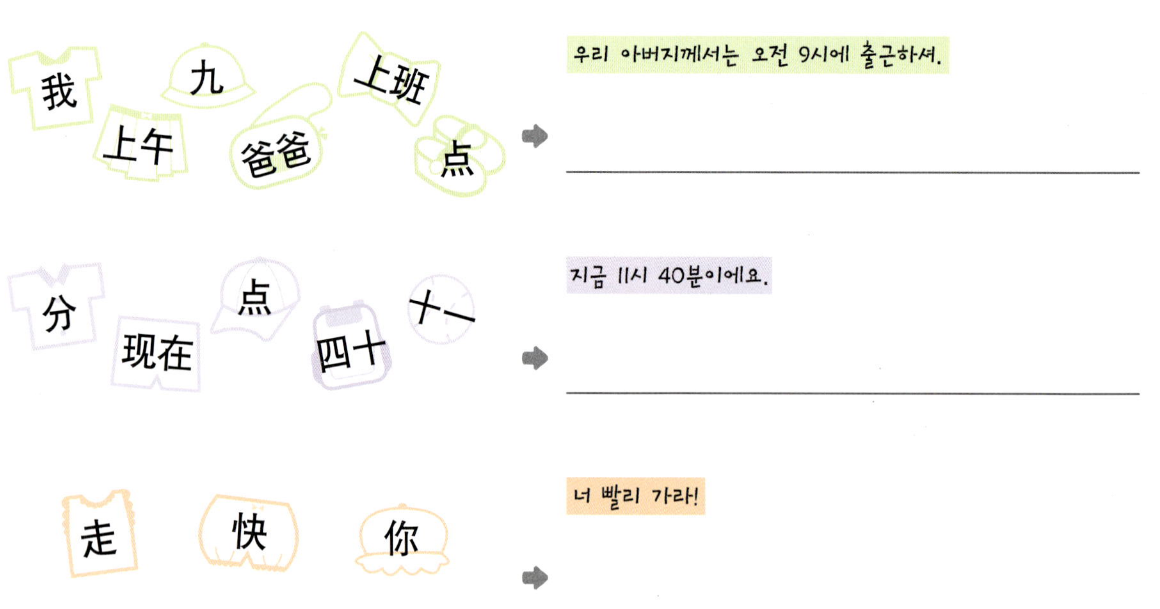

6 다음 글자들을 큰 소리로 읽으며 써 보세요.

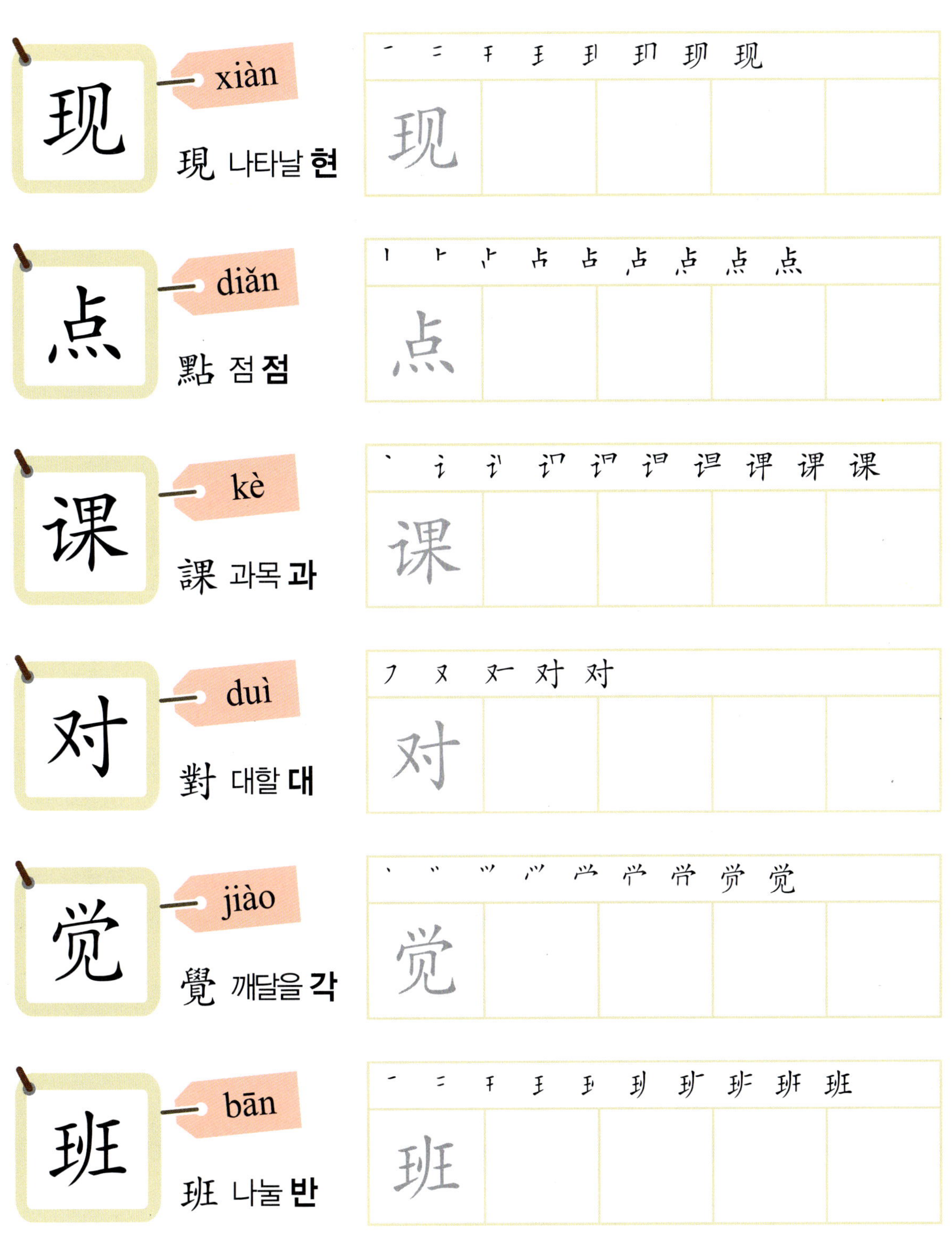

现 — xiàn
現 나타날 **현**
一 二 干 王 到 现 现 现

点 — diǎn
點 점 **점**
丶 卜 占 占 占 点 点 点

课 — kè
課 과목 **과**
丶 讠 讠 讥 评 评 课 课 课

对 — duì
對 대할 **대**
フ 又 又 对 对

觉 — jiào
覺 깨달을 **각**
丶 ソ ソ ソ 严 学 常 觉 觉

班 — bān
班 나눌 **반**
一 二 干 王 王 到 珏 班 班

现在几点?

너 올해 몇 살이야?

你今年几岁？

Nǐ jīnnián jǐ suì?

1 그림에 맞는 문장을 만든 후, 주어진 단어로 교체 연습해 보세요.

①

➡ 你什么时候 _______ ？

回国
来韩国
去医院

② 

➡ 我 _______ 去中国。

明年
后年

③ 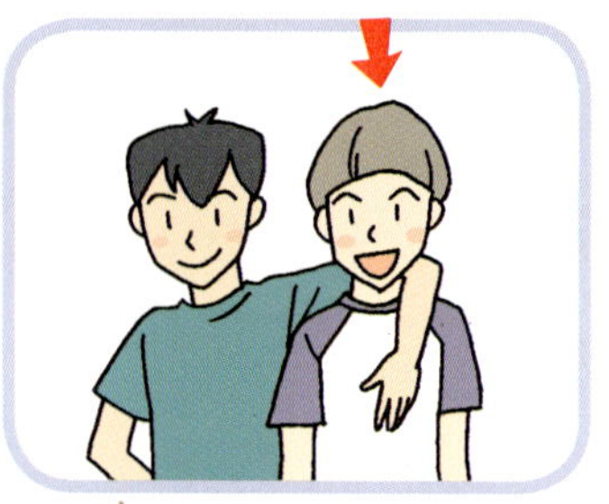

➡ 你今年 _______ ？

您

多大
多大年纪

2 그림을 보고 대화를 완성한 후, 친구들과 큰 소리로 대화해 보세요.

뜻이 통하도록 글자를 연결하고 빈칸에 한자와 발음을 써 보세요.

回 ·	· 岁 ·	귀국하다
几 ·	· 国 ·	연세
年 ·	· 纪 ·	몇 살이니

4 우리말 해석을 보고 빈칸에 알맞은 한자를 써 보세요.

① 你 [　][　][　][　] 去中国?　➡ 넌 언제 중국에 가니?

② 我 [　][　] 回国。　➡ 나 내년에 귀국해.

③ 我 [　][　] 在美国。　➡ 난 작년에 미국에 있었어.

5 다음 해석에 맞게 주어진 단어들을 순서에 맞춰 써 보세요.

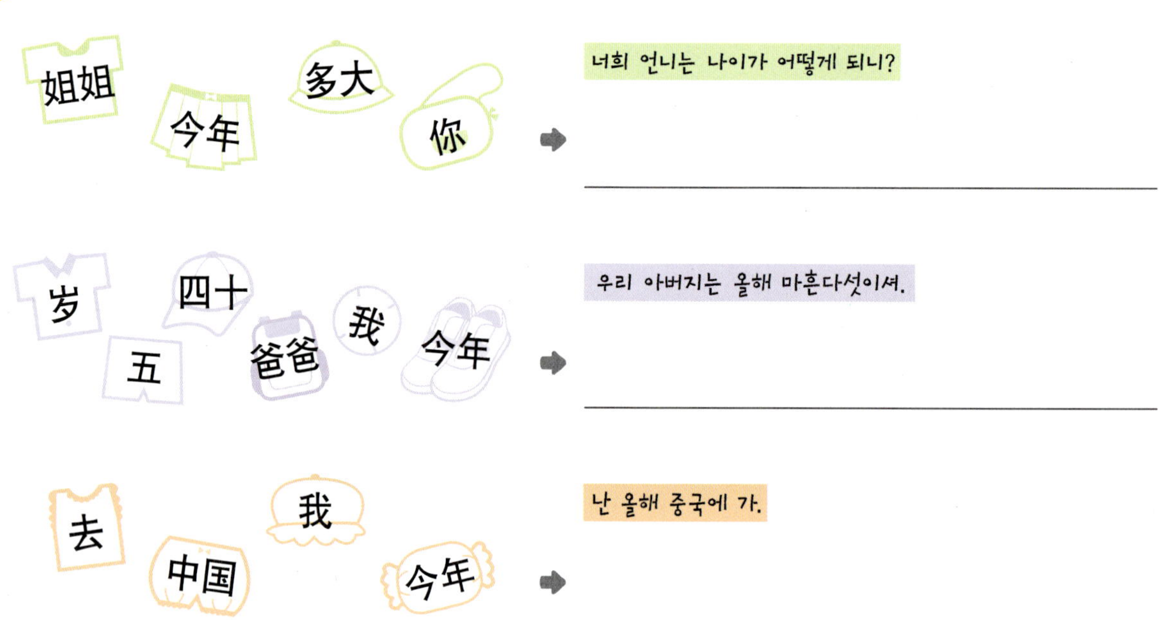

6 다음 글자들을 큰 소리로 읽으며 써 보세요.

时 — shí
時 때 **시**
| 丨 丬 闩 日 旷 时 时 | | | |

候 — hòu
候 철 **후**
| 丿 亻 亻 伫 伫 伫 伒 佲 候 候 | | | |

回 — huí
回 돌아올 **회**
| 丨 冂 冂 囘 囘 回 | | | |

岁 — suì
歲 해 **세**
| 丨 屵 屵 屵 岁 岁 | | | |

纪 — jì
紀 벼리 **기**
| 乚 纟 纟 纪 纪 纪 | | | |

明 — míng
明 밝을 **명**
| 丨 冂 日 日 明 明 明 明 | | | |

오늘이 몇 월 며칠이지?

今天几月几号?

Jīntiān jǐ yuè jǐ hào?

1 그림에 맞는 문장을 만든 후, 주어진 단어로 교체 연습해 보세요.

① 

➡ 他就是我的 __________ 。

弟弟
哥哥
老师

② 

➡ 老师 __________ 就来。

晚上
上午
中午

③ 

➡ 今天是 __________ 。

五月五号
十月一号
十二月二十五号

2 그림을 보고 대화를 완성한 후, 친구들과 큰 소리로 대화해 보세요.

3 뜻이 통하도록 글자를 연결하고 빈칸에 한자와 발음을 써 보세요.

4 달력을 보고 빈칸에 알맞은 한자를 써 보세요.

☐ 月 ☐ 号　　　☐ 月 ☐ 号　　　☐ 月 ☐ 号

5 다음 해석에 맞게 주어진 글자들을 순서에 맞춰 써 보세요.

그 애가 바로 내 친한 친구야.

____

내일은 2월 3일이 아니야.

____

모레가 바로 네 생일이네!

____

6 다음 글자들을 큰 소리로 읽으며 써 보세요.

月 — yuè
月 달**월**

ノ 几 月 月				
月				

号 — hào
號 부르짖을 **호**

` 丷 口 므 号				
号				

就 — jiù
就 이룰 **취**

` 亠 亠 咅 咅 宁 亨 京 京 訧 就 就				
就				

放 — fàng
放 놓을 **방**

` 亠 亍 方 方 方 故 放				
放				

假 — jià
假 거짓 **가**

ノ イ 亻 亻 亻 俨 作 作 假 假 假				
假				

友 — yǒu
友 벗 **우**

一 ナ 方 友				
友				

오늘이 무슨 요일이야?

今天星期几?

Jīntiān xīngqī jǐ?

1 그림에 맞는 문장을 만든 후, 주어진 단어로 교체 연습해 보세요.

① 

➡ 今天 ________。

星期二
星期五
星期天

② 

➡ 他星期天 ________。

买汉堡包
看电影
学汉语

③ 

➡ 你为什么 ________?

不买蛋糕
不喝牛奶
不学汉语

_______________?
오늘이 무슨 요일이지?

3月

今天星期四。
오늘은 목요일이야.

14

15

为什么?
왜?

_______________!
토요일에 우리 윤아네 가자!

21

22

_______________。
토요일이 윤아 생일이야.

3月

好的，我一定去。
그래, 나 꼭 갈게.

4과 今天星期几？

뜻이 통하도록 글자를 연결하고 빈칸에 한자와 발음을 써 보세요.

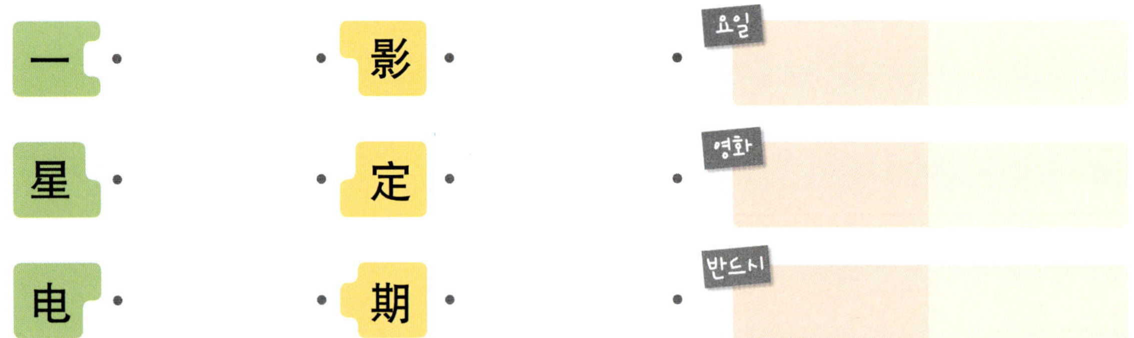

4 우리말 해석을 보고 빈칸에 알맞은 한자를 써 보세요.

① 星期　　她过生日。　➡ 토요일이 그 애 생일이야.

② 你星期　　干什么？　➡ 너 일요일에 뭐하니?

③ 她星期　　回国？　➡ 그녀는 무슨 요일에 귀국하니?

5 다음 해석에 맞게 주어진 단어들을 순서에 맞춰 써 보세요.

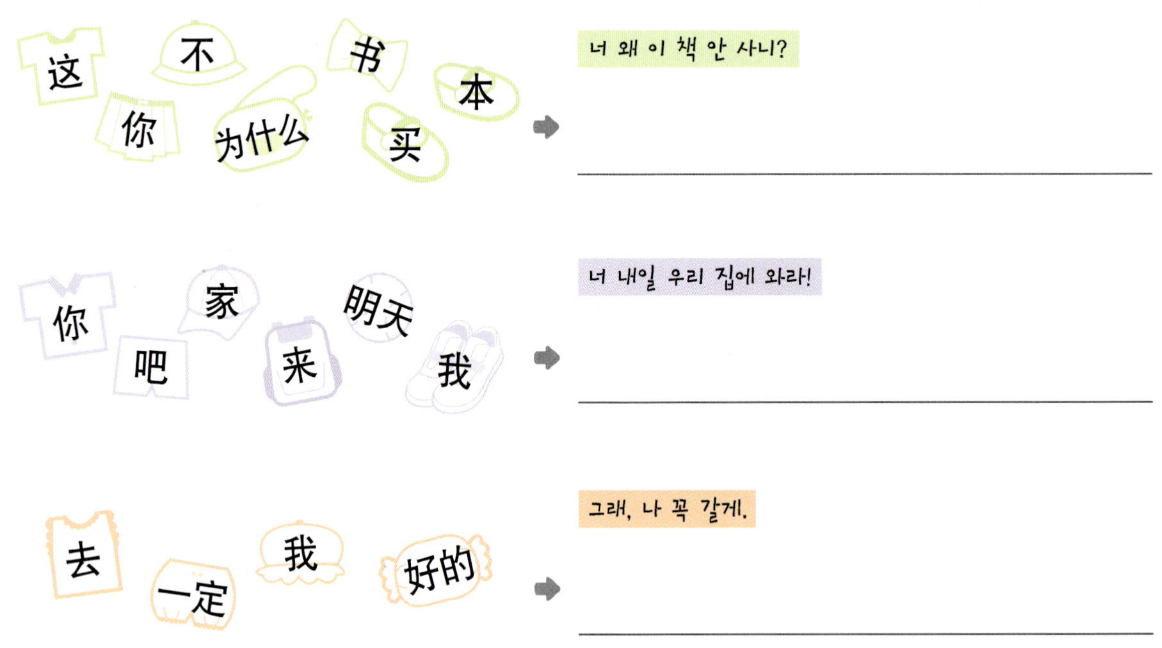

6 다음 글자들을 큰 소리로 읽으며 써 보세요.

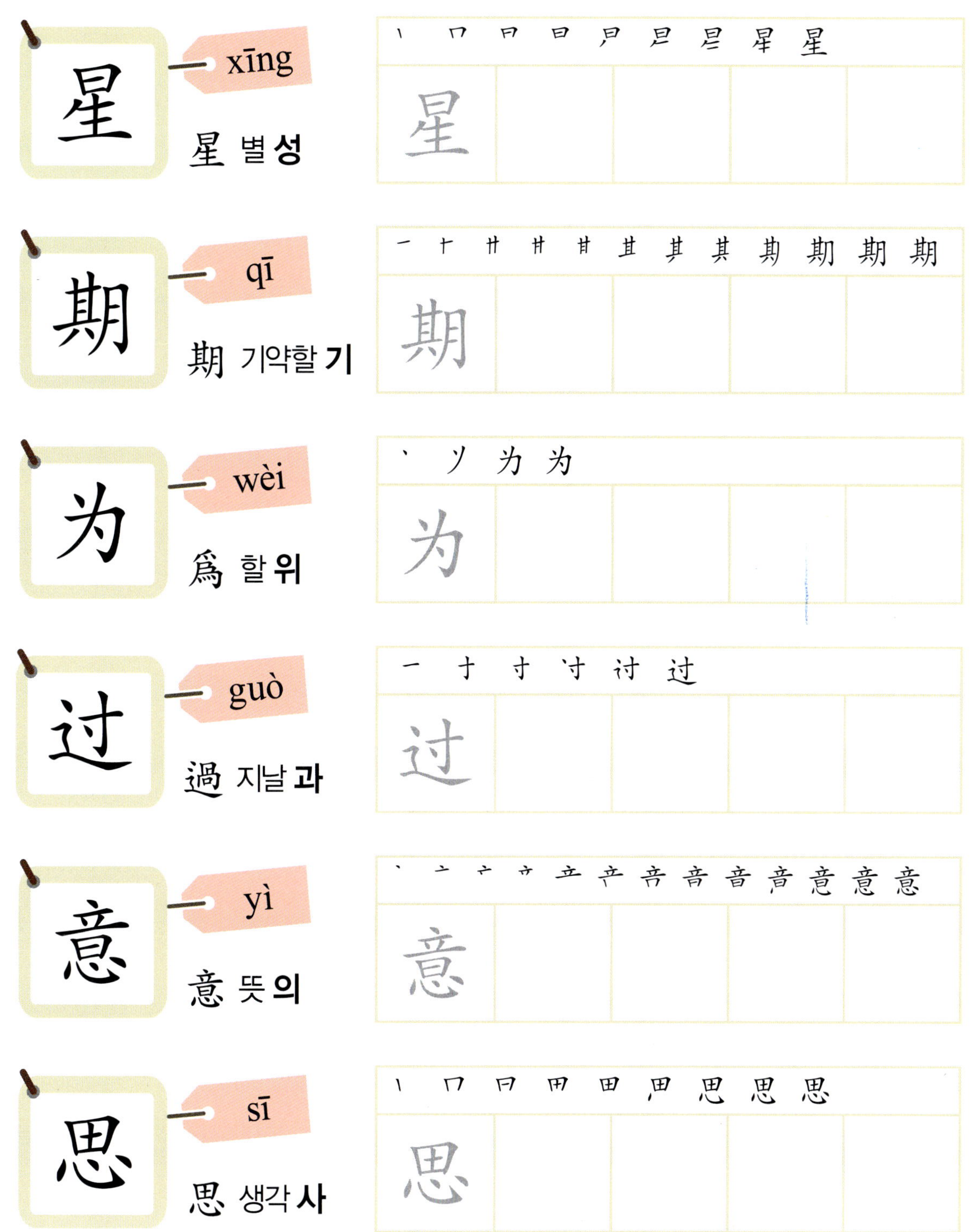

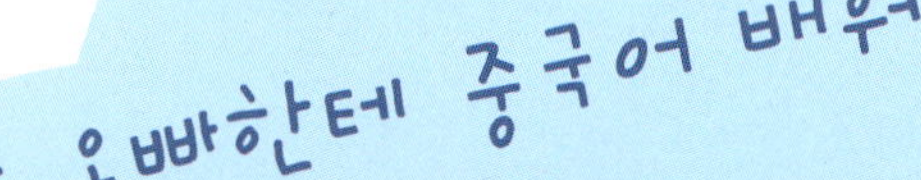

我跟哥哥学汉语
Wǒ gēn gēge xué Hànyǔ

1 그림에 맞는 문장을 만든 후, 주어진 단어로 교체 연습해 보세요.

① 

➜ 你跟老师 ＿＿＿＿＿？

　　说什么
　　要什么

② 

➜ 他 ＿＿＿＿＿ 去电影院。

　　跟民浩
　　跟爸爸、妈妈
　　跟哥哥

③ 

➜ 他跟允儿 ＿＿＿＿＿。

　　一起玩电脑
　　一起听音乐
　　一起吃饭

2 그림을 보고 대화를 완성한 후, 친구들과 큰 소리로 대화해 보세요.

5과 我跟哥哥学汉语

3 다음 글자에 맞는 한어병음과 뜻을 연결하고 각각 써 보세요.

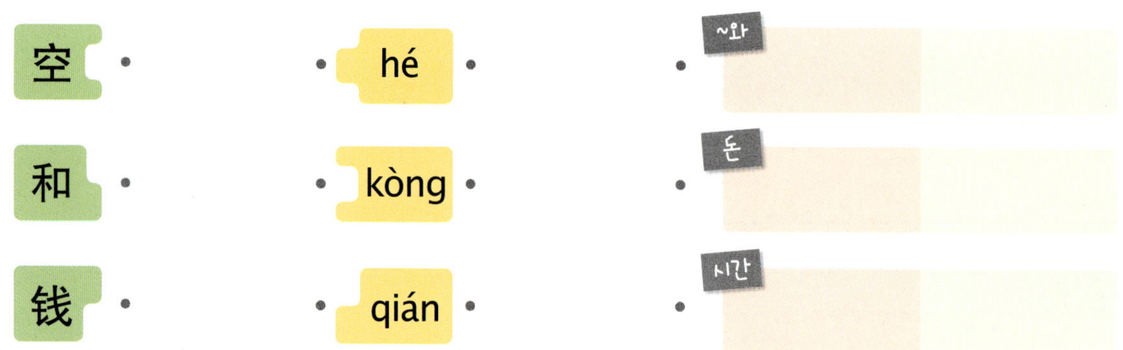

空 ·　　· hé ·　　· ~와

和 ·　　· kòng ·　　· 돈

钱 ·　　· qián ·　　· 시간

4 우리말 해석을 보고 빈칸에 알맞은 한자를 써 보세요.

① 他跟我　　蛋糕。　➡ 그 애가 나에게 케이크 달래.

② 我跟老师　　英语。　➡ 난 선생님께 영어를 배워.

③ 你跟谁　　电影院？　➡ 너는 누구와 극장에 가니？

5 다음 해석에 맞게 주어진 단어들을 순서에 맞춰 써 보세요.

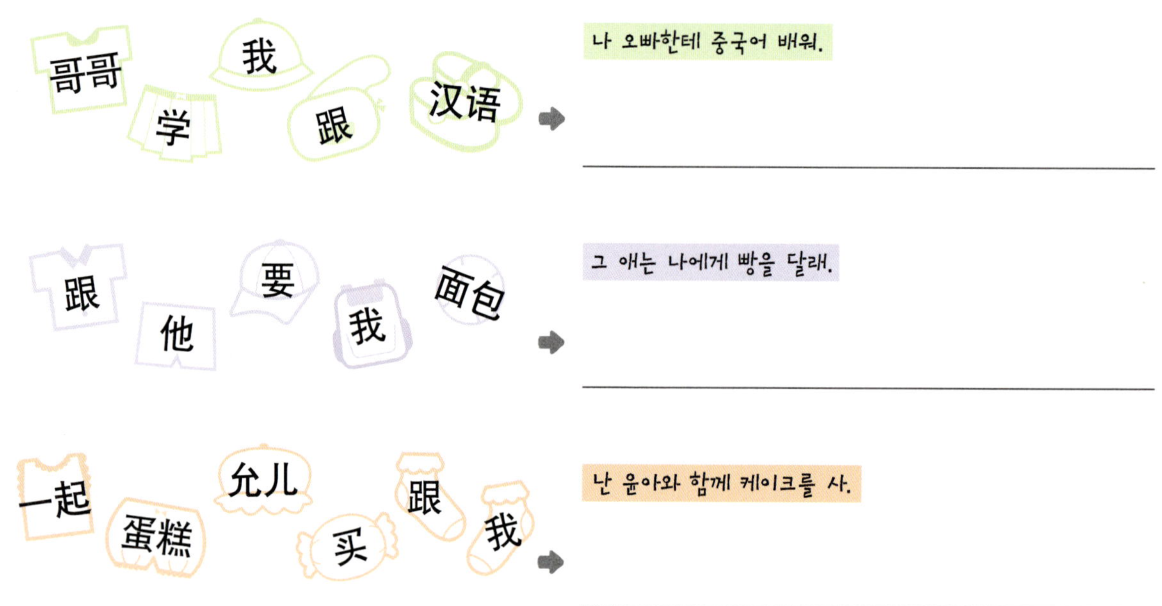

哥哥　我　学　跟　汉语　➡ 나 오빠한테 중국어 배워.

____

跟　他　要　我　面包　➡ 그 애는 나에게 빵을 달래.

____

一起　允儿　跟　蛋糕　买　我　➡ 난 윤아와 함께 케이크를 사.

____

6 다음 글자들을 큰 소리로 읽으며 써 보세요.

钱 — qián
錢 돈 **전**

(ノ ／ ╯ ┢ ╄ 钅 钅 钅 钱 钱 钱)

钱

说 — shuō
說 말씀 **설**

(丶 讠 讠 讶 讱 说 说 说 说)

说

院 — yuàn
院 집 **원**

(阝 阝 阝 阝 陉 院 院 院 院)

院

蛋 — dàn
蛋 알 **단**

(疋 疋 疋 蛋 蛋 蛋)

蛋

糕 — gāo
糕 떡 **고**

(丶 丷 半 米 糕 糕 糕 糕 糕 糕 糕 糕)

糕

空 — kòng
空 빌 **공**

(丶 宀 穴 空 空 空 空)

空

你给谁打电话？

Nǐ gěi shéi dǎ diànhuà?

1 그림에 맞는 문장을 만든 후, 주어진 단어로 교체 연습해 보세요.

① 

➡ 她 _______ 准备礼物。

为老师
为你们
为他们

② 

➡ 她给谁 _______ ？

买衣服
做菜
煮方便面

③ 

➡ 她是 _______ 吧？

你弟弟
你朋友
学生

_____________________?
너 누구에게 전화하니?
我给荷娜打电话。
저는 하나에게 전화해요.
后天允儿过生日。
모레가 윤아 생일이에요.
3月
2 3 4 5 6 7 8
15
_____________________?
무슨 일인데?
_____________________?
너희는 윤아를 위해 선물을 준비하니?
是的。我们一起准备礼物。
네。우리는 같이 선물을 준비해요。

뜻이 통하도록 글자를 연결하고 빈칸에 한자와 발음을 써 보세요.

4 우리말 해석을 보고 빈칸에 알맞은 한자를 써 보세요.

① 你是中国人　　？ ➡ 당신은 중국인이죠?

② 我　　爸爸煮方便面。 ➡ 난 아버지께 라면을 끓여 드려.

③ 这是　　你准备的礼物。 ➡ 이건 널 위해 준비한 선물이야.

5 다음 해석에 맞게 주어진 단어들을 순서에 맞춰 써 보세요.

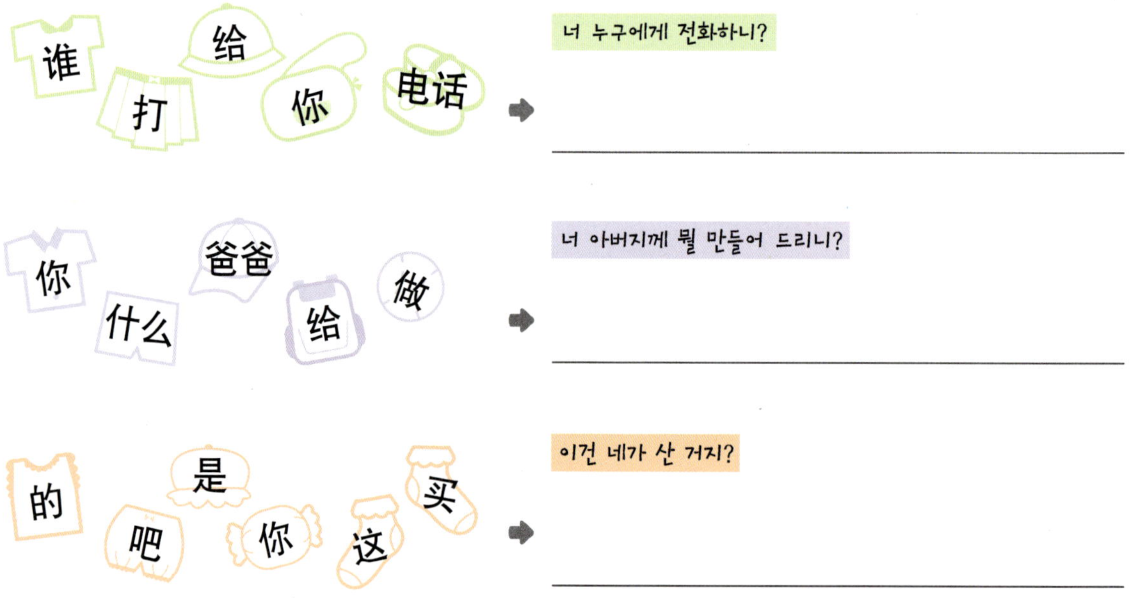

6 다음 글자들을 큰 소리로 읽으며 써 보세요.

话	huà
話 말씀 **화**	

丶 讠 讠 讠 证 话 话

话

准	zhǔn
準 평평할 **준**	

丶 冫 冫 汁 准 准 准 准 准 准

准

备	bèi
備 갖출 **비**	

丿 夕 夂 冬 各 各 备 备

备

连	lián
連 잇닿을 **연**	

一 七 车 车 车 连 连

连

煮	zhǔ
煮 끓일 **자**	

一 十 土 耂 耂 者 者 者 者 者 煮 煮

煮

面	miàn
麵 밀가루 **면**	

一 丆 币 而 而 面 面 面

面

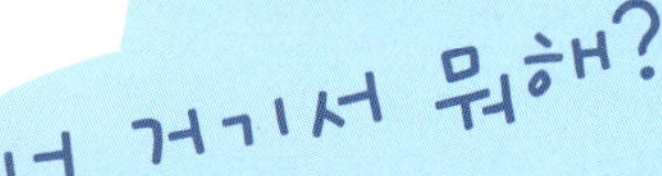

你在那儿干什么？
Nǐ zài nàr gàn shénme?

1 그림에 맞는 문장을 만든 후, 주어진 단어로 교체 연습해 보세요.

① 

➡ 他 ＿＿＿＿＿＿ 学汉语。

在补习班
在图书馆
在学校

② 

➡ 他在那儿 ＿＿＿＿＿＿。

学汉语
买礼物
工作

③ 

➡ ＿＿＿＿＿＿ 怎么样？

这个面包
这本书
我的手机

그림을 보고 대화를 완성한 후, 친구들과 큰 소리로 대화해 보세요.

7과 你在那儿干什么?

뜻이 통하도록 글자를 연결하고 빈칸에 한자와 발음을 써 보세요.

4 우리말 해석을 보고 빈칸에 알맞은 한자를 써 보세요.

① 我 ___ 家复习功课。 ➡ 나 집에서 수업 내용 복습해.

② 你的名字 ___ ___ 写? ➡ 네 이름은 어떻게 쓰니?

③ 这件衣服 ___ ___ ? ➡ 이 옷 어때?

5 다음 해석에 맞게 주어진 단어들을 순서에 맞춰 써 보세요.

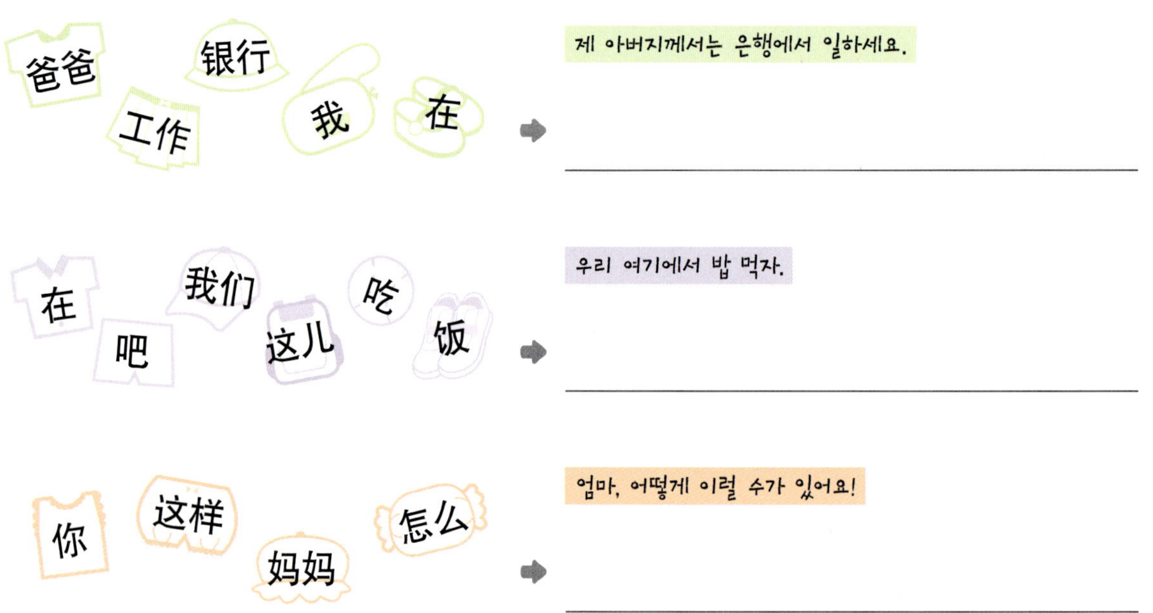

| 样 — yàng | 一 十 才 木 术 杉 栏 栏 栏 样 |
| 样 模样**양** | 样 |

| 功 — gōng | 一 丁 工 巧 功 |
| 功 일**공** | 功 |

| 约 — yuē | 纟 纟 纟 纠 约 约 |
| 約 묶을**약** | 约 |

| 会 — huì | 丿 人 人 스 슸 会 |
| 會 모일**회** | 会 |

| 复 — fù | 丿 仁 仁 仁 广 自 自 复 复 |
| 復 돌아올**복**/ 다시 **부** | 复 |

| 习 — xí | 丁 丬 习 |
| 習 익힐**습** | 习 |

7과 你在那儿干什么?

我们去哪儿买礼物?

Wǒmen qù nǎr mǎi lǐwù?

1 그림에 맞는 문장을 만든 후, 주어진 단어로 교체 연습해 보세요.

① 

→ 怎么 _______?

写
做
吃

② 

→ 我们去 _______________。

饭馆儿　　吃饭
百货商店　　买礼物
网吧　　玩儿电脑

③ 

→ 她 _______ 去。

坐飞机
坐地铁
坐公共汽车

2 그림을 보고 대화를 완성한 후, 친구들과 큰 소리로 대화해 보세요.

3 뜻이 통하도록 글자를 연결하고 빈칸에 한자와 발음을 써 보세요.

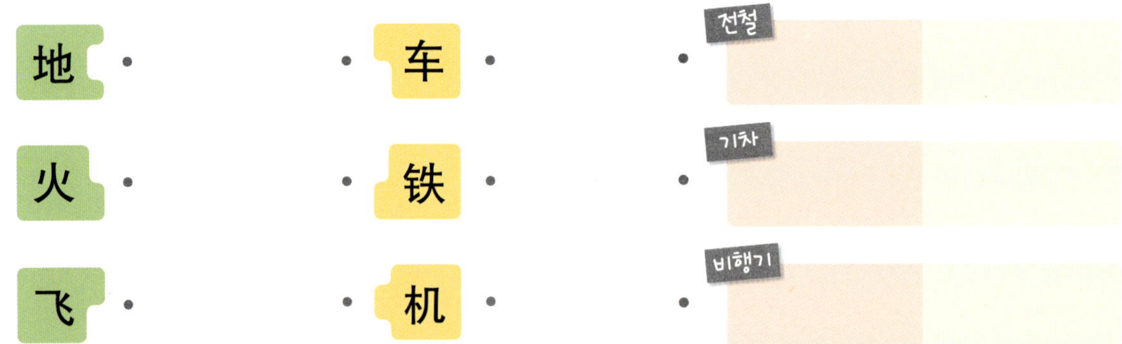

4 우리말 해석을 보고 빈칸에 알맞은 한자를 써 보세요.

① 我们 ＿＿ 什么 ＿＿ ?　➡ 우리 뭐 사 먹지?

② 你 ＿＿ 我家 ＿＿＿ 吧!　➡ 너 우리 집에 와서 놀자!

③ 你们 ＿＿ 中国 ＿＿ 什么?　➡ 너희들 중국에 가서 뭐 하려고?

5 다음 해석에 맞게 주어진 단어들을 순서에 맞춰 써 보세요.

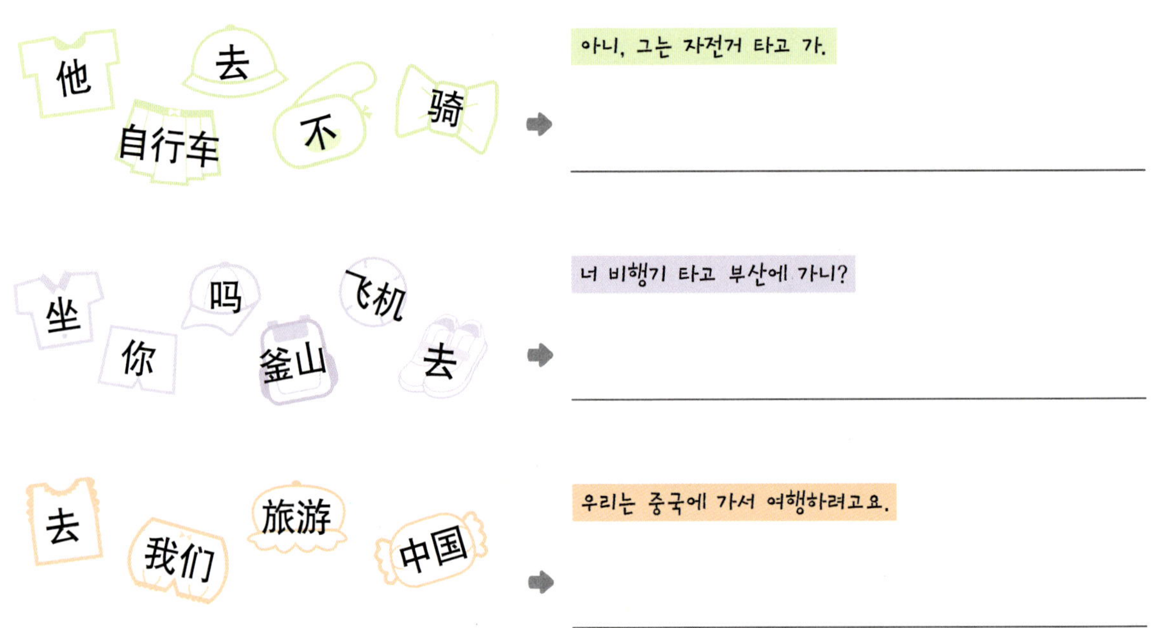

6 다음 글자들을 큰 소리로 읽으며 써 보세요.

汽 — qì 汽 증기 **기**	` ` ` 氵 汽 汽 汽 汽 汽
车 — chē 車 수레 **차/거**	一 ナ 丘 车 车
具 — jù 具 갖출 **구**	丨 冂 冂 目 目 且 具 具 具
游 — yóu 游 헤엄칠 **유**	` ` ` 氵 氵 汸 汸 汸 游 游 游 游
飞 — fēi 飛 날 **비**	乁 飞 飞 飞
铁 — tiě 鐵 쇠 **철**	丿 丿 牛 牛 钅 钅 钅 铁 铁 铁

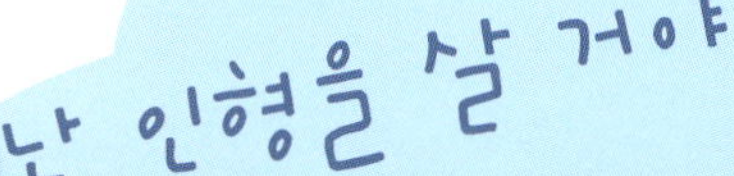

난 인형을 살 거야

我要买娃娃
Wǒ yào mǎi wáwa

1 그림에 맞는 문장을 만든 후, 주어진 단어로 교체 연습해 보세요.

① 

➡ 我要 __________ 。

去洗手间
买裤子
吃中国菜

② 

➡ 我不想 __________ 。

喝可乐
去你家
吃泡菜

③ 

➡ 你不要 __________ ！

去
吃
玩儿电脑

2 그림을 보고 대화를 완성한 후, 친구들과 큰 소리로 대화해 보세요.

뜻이 통하도록 글자를 연결하고 빈칸에 한자와 발음을 써 보세요.

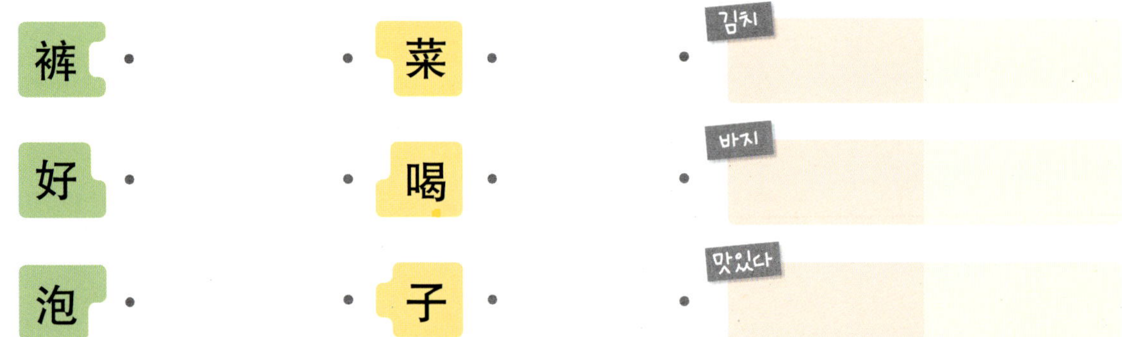

4 우리말 해석을 보고 빈칸에 알맞은 한자를 써 보세요.

① 允儿不　　　娃娃。　➡ 윤아는 인형 안 좋아해.

② 我不　　买裤子。　➡ 나 바지 안 살 거야.

③ 我　　去洗手间。　➡ 나 화장실 가려고.

5 다음 해석에 맞게 주어진 단어들을 순서에 맞춰 써 보세요.

엄마, 전 김치를 좋아하지 않아요!
➡ ________________________________

난 필통을 살 거야, 넌?
➡ ________________________________

너 뭐 볼 거니?
➡ ________________________________

盒 — hé
盒 그릇 **합**
丿 人 人 仒 仒 合 合 合 盒 盒 盒 盒
盒

欢 — huān
歡 기쁠 **환**
フ 又 ヌ 扒 欢 欢
欢

画 — huà
畫 그림 **화**
一 一 冂 冃 币 両 画 画
画

间 — jiān
間 틈 **간**
丶 丨 门 门 问 间 间
间

裤 — kù
褲 바지 **고**
丶 ン 才 衤 衤 衤 衤 衤 衤 裤 裤 裤
裤

菜 — cài
菜 나물 **채**
一 十 艹 艹 艹 艹 艹 兰 莖 莖 菜
菜

1 그림에 맞는 문장을 만든 후, 주어진 단어로 교체 연습해 보세요.

① 

➡ 祝你 ＿＿＿＿＿！

新年快乐
身体健康
生日快乐

② 

➡ 请你 ＿＿＿＿＿！

吃饭
帮助我
给我打电话

③ 

➡ 我一定 ＿＿＿＿＿。

看
帮助你
去

2 그림을 보고 대화를 완성한 후, 친구들과 큰 소리로 대화해 보세요.

뜻이 통하도록 글자를 연결하고 빈칸에 한자와 발음을 써 보세요.

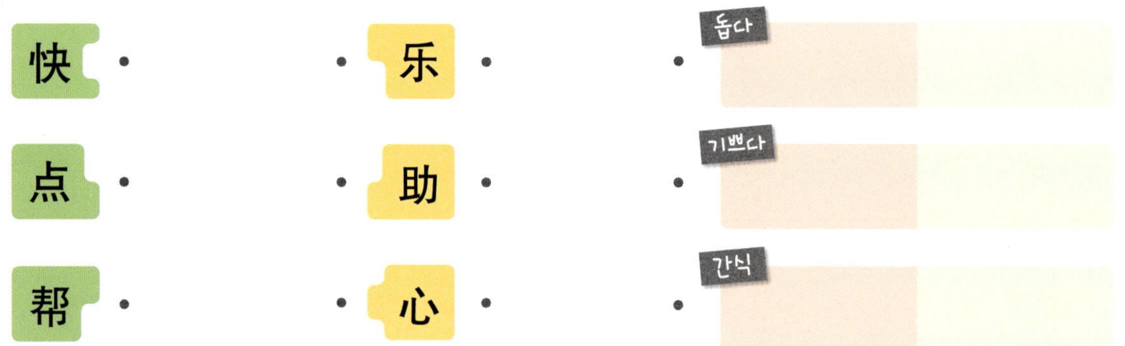

4 우리말 해석을 보고 빈칸에 알맞은 한자를 써 보세요.

① ☐ 吃点心吧!   ➡ 간식 먹어!

② 祝你生日 ☐☐!   ➡ 생일 즐겁길 빌게! (생일 축하해!)

③ 祝你 ☐☐ 健康!   ➡ 몸 건강해! (건강하길 빌게!)

5 다음 해석에 맞게 주어진 단어들을 순서에 맞춰 써 보세요.

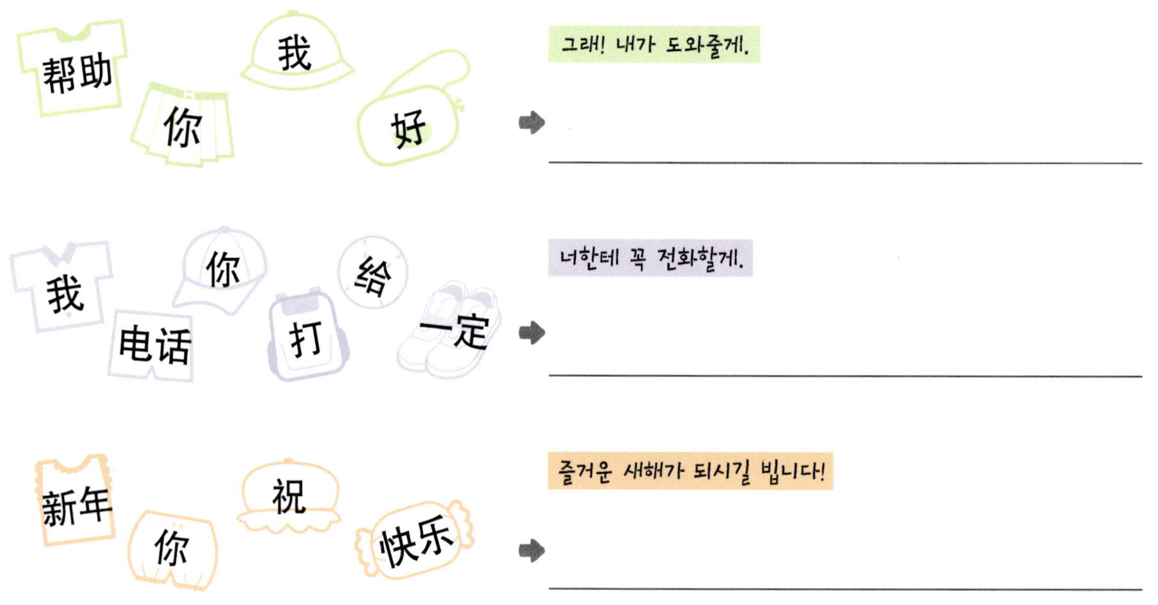

6 다음 글자들을 큰 소리로 읽으며 써 보세요.

祝 zhù	` ブ ネ ネ ネ 初 初 初 祝
祝 빌 **축**	祝

迎 yíng	` ㇈ 匂 㗂 㗂 迎 迎
迎 맞이할 **영**	迎

送 sòng	` ` ` ㇀ 쓰 关 关 关 送 送
送 보낼 **송**	送

请 qǐng	` ì ì ì ì 诗 诗 请 请 请
請 청할 **청**	请

帮 bāng	` = ≡ 丰 邦 邦 帮 帮 帮
幫 도울 **방**	帮

助 zhù	l 冂 冃 目 且 助 助
助 도울 **조**	助

난 케이크 먹고 싶어

我想吃蛋糕
Wǒ xiǎng chī dàngāo

1 그림에 맞는 문장을 만든 후, 주어진 단어로 교체 연습해 보세요.

① 

➡ 我想 __________ 。

看电视
去图书馆
吃蛋糕

② 

➡ 她喜欢 __________ 。

看动画片
听中国歌
学汉语

③ 

➡ 他 __________ 吃巧克力。

非常喜欢
很喜欢
不太喜欢

그림을 보고 대화를 완성한 후, 친구들과 큰 소리로 대화해 보세요.

49

3 뜻이 통하도록 글자를 연결하고 빈칸에 한자와 발음을 써 보세요.

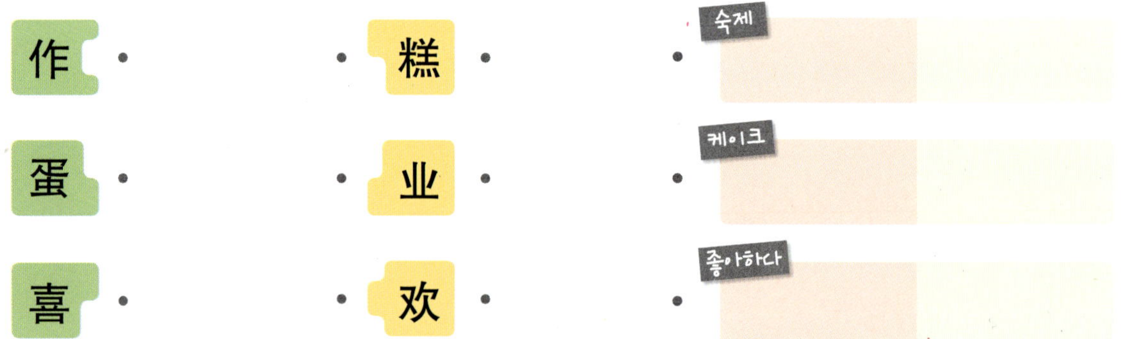

4 우리말 해석을 보고 빈칸에 알맞은 한자를 써 보세요.

① 我很　　　学汉语。　➡ 난 중국어 배우는 걸 아주 좋아해.

② 你　　吃什么?　➡ 너 뭐 먹고 싶니?

③ 我　　　喜欢做作业。　➡ 난 숙제 하는 걸 별로 좋아하지 않아.

5 다음 해석에 맞게 주어진 단어들을 순서에 맞춰 써 보세요.

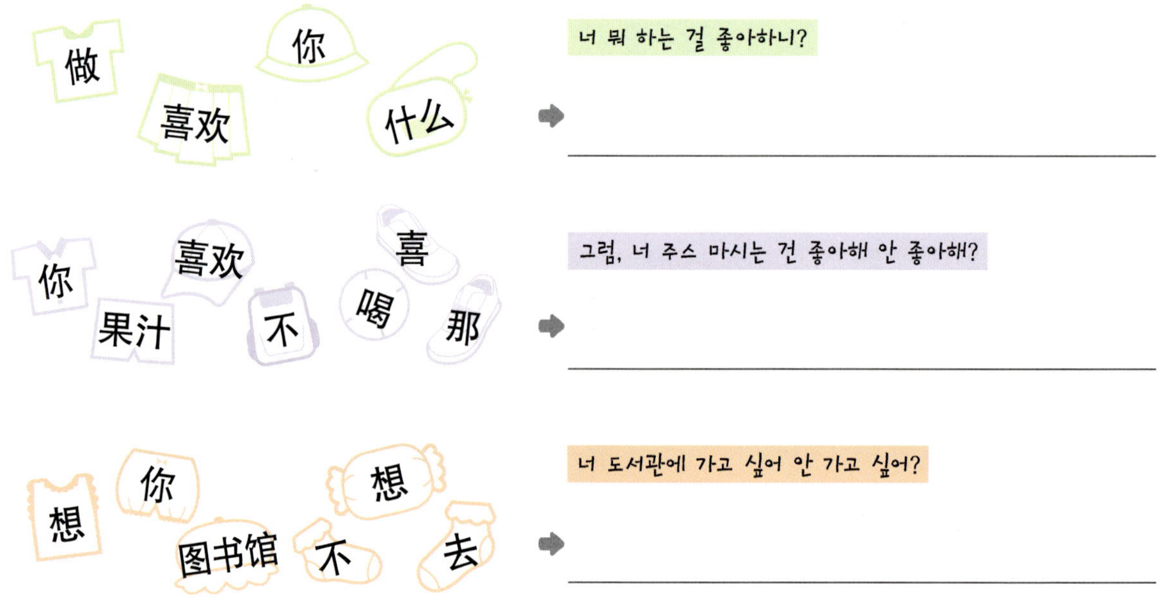

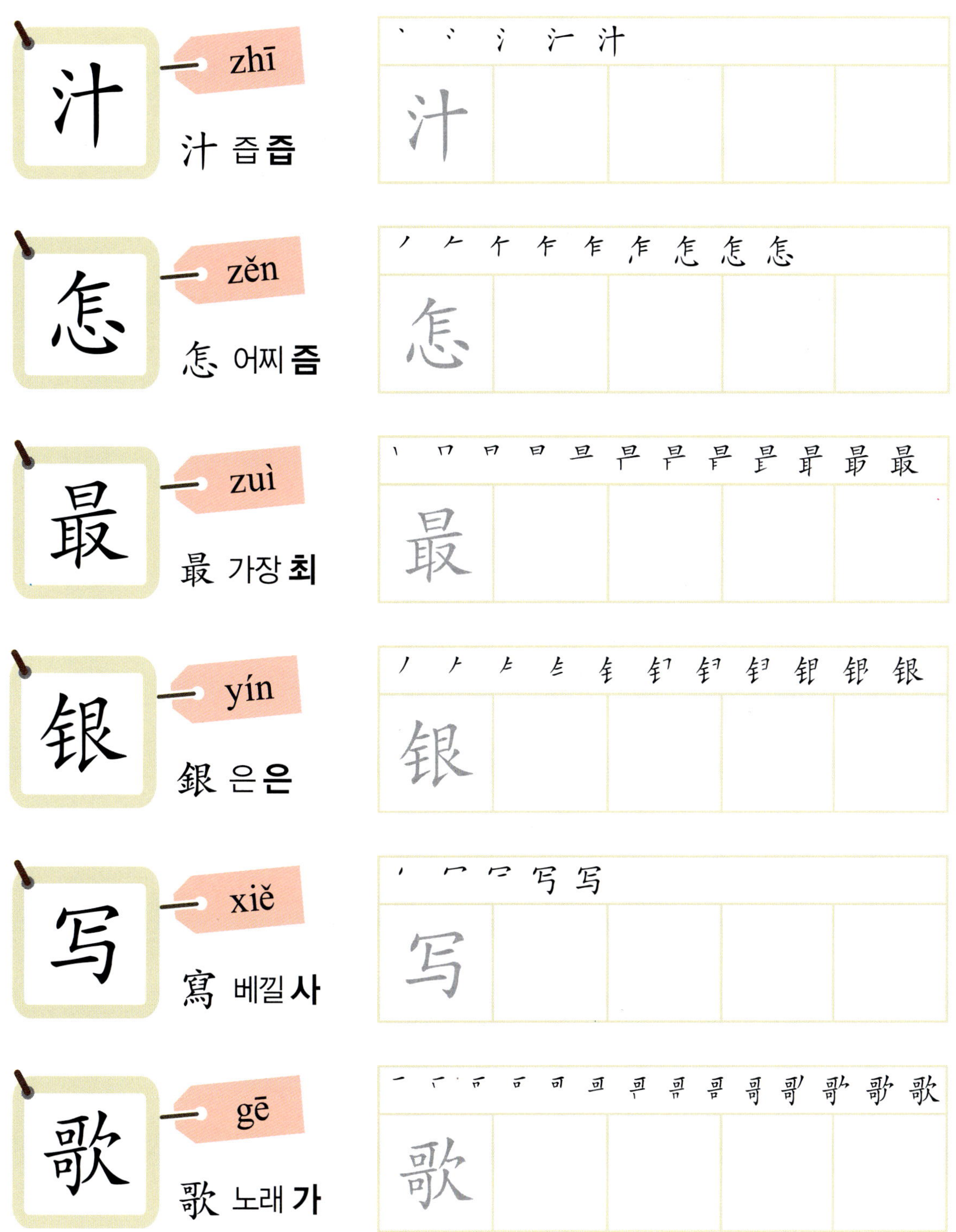

| 汁 — zhī | 丶 丶 氵 氵 汁 汁 |
| 汁 즙**즙** | 汁 |

| 怎 — zěn | ノ ㇒ 广 乍 乍 作 怎 怎 怎 |
| 怎 어찌**즘** | 怎 |

| 最 — zuì | 丶 冂 冂 日 旦 昌 昌 昌 昌 最 最 最 |
| 最 가장**최** | 最 |

| 银 — yín | ノ ㇒ 钅 钅 钅 钊 钊 钊 钼 银 银 |
| 銀 은**은** | 银 |

| 写 — xiě | 丶 冖 写 写 写 |
| 寫 베낄**사** | 写 |

| 歌 — gē | 一 丆 ㄅ 哥 哥 哥 哥 哥 哥 哥 歌 歌 歌 |
| 歌 노래**가** | 歌 |

我想吃蛋糕

你们会玩儿这个游戏吗？

Nǐmen huì wánr zhè ge yóuxì ma?

1 그림에 맞는 문장을 만든 후, 주어진 단어로 교체 연습해 보세요.

① 

➜ 她会 __________ 。

说汉语
骑自行车
游泳

② 

➜ 你能 __________ 吗？

来
休息
给我打电话

③

➜ 你不能 __________ ！

买
喝可乐
吃这个

그림을 보고 대화를 완성한 후, 친구들과 큰 소리로 대화해 보세요.

12과　你们会玩儿这个游戏吗?

뜻이 통하도록 글자를 연결하고 빈칸에 한자와 발음을 써 보세요.

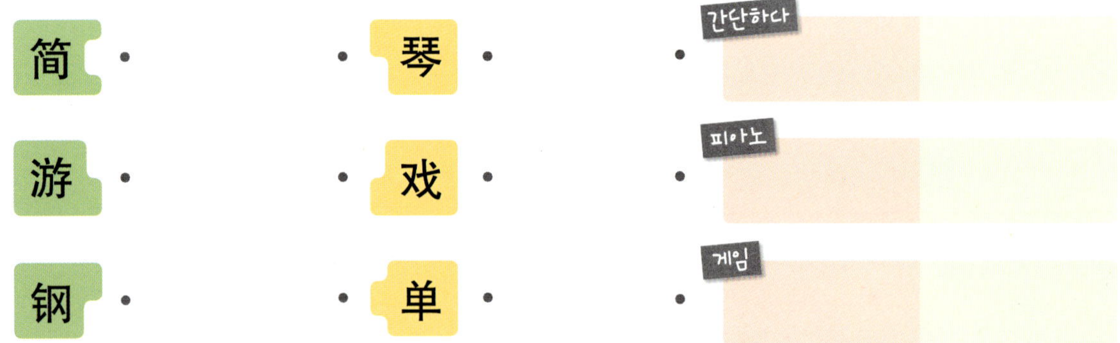

우리말 해석을 보고 빈칸에 알맞은 한자를 써 보세요.

① 那, 你　　教我们吗?　➡ 그럼, 우리에게 가르쳐 줄 수 있어?

② 你　　　　　说日语?　➡ 너는 일본어를 할 줄 아니 모르니?

③ 我会　　钢琴。　➡ 난 피아노 칠 줄 알아.

다음 해석에 맞게 주어진 단어들을 순서에 맞춰 써 보세요.

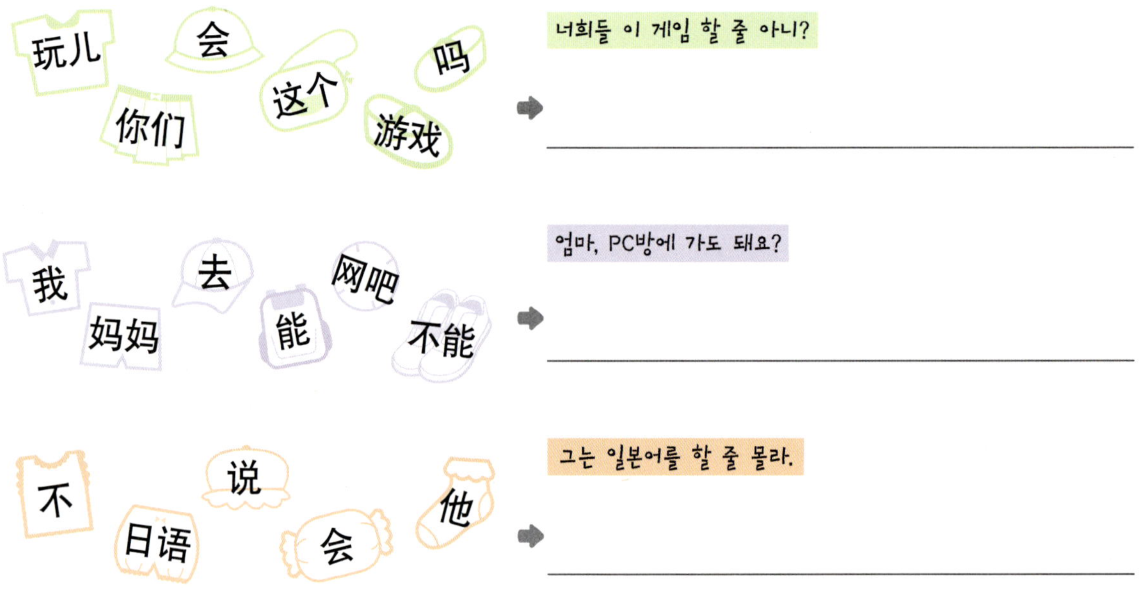

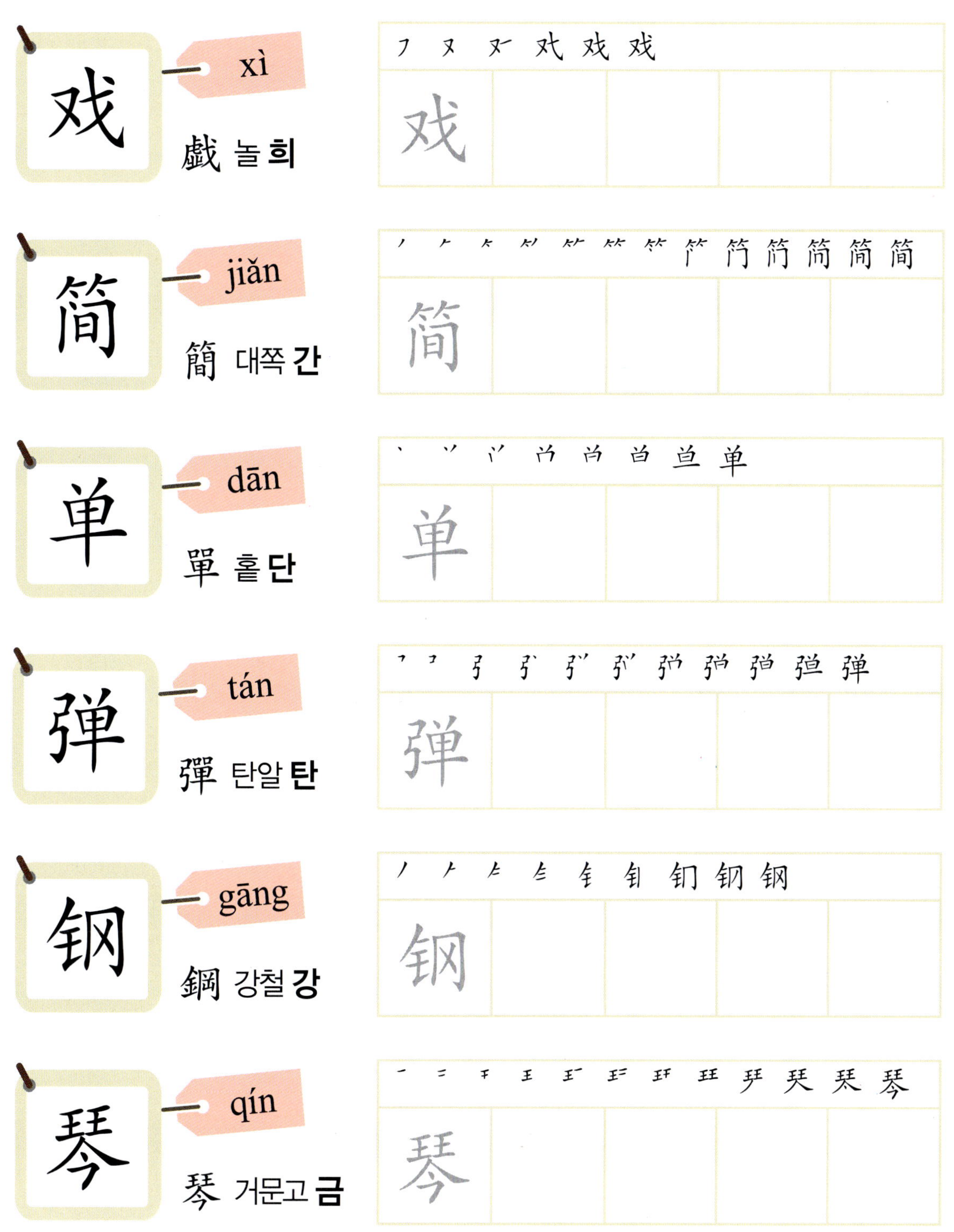

戏
xì
戲 놀 희
フ ヌ 叉 圷 戏 戏
戏

简
jiǎn
簡 대쪽 간
ノ ト ト 竹 竹 竹 竹 竹 竹 简 简 简
简

单
dān
單 홑 단
丶 丷 丷 屵 屵 畄 单 单
单

弹
tán
彈 탄알 탄
フ ヲ 弓 弓 弓 弓 弹 弹 弹 弹 弹
弹

钢
gāng
鋼 강철 강
ノ ト ト 钅 钅 钅 钢 钢 钢
钢

琴
qín
琴 거문고 금
一 二 于 王 王 王 珏 珏 珡 珡 琴 琴
琴

122 你们会玩儿这个游戏吗?

맛있는 2 주니어 중국어

1과 8쪽 · 9쪽 · 10쪽

第一课
지금이 몇 시니?
现在几点?
Xiànzài jǐ diǎn?

1 그림에 맞는 문장을 만든 후, 주어진 단어로 교체 연습해 보세요.

① 他 七点半 起床。
七点
六点一刻
八点三刻

② 她 十一点四十分 睡觉。
十点半
十一点五分
九点三刻

③ 我 四点 下课。
三点
五点十分
四点半

8 맛있는 주니어 중국어 2 친구야 놀러가기

2 그림을 보고 대화를 완성한 후, 친구들과 큰 소리로 대화해 보세요.

금 훈
우주정복

现在几点?
지금이 몇 시니?

九点半。
9시 반이오.

我们几点上课?
우리는 몇 시에 수업을 하지?

我们九点上课。
우리는 9시에 수업을 해요.

你快坐下。
어서 앉거라.

对不起，老师。
죄송합니다, 선생님.

1과 现在几点? 9

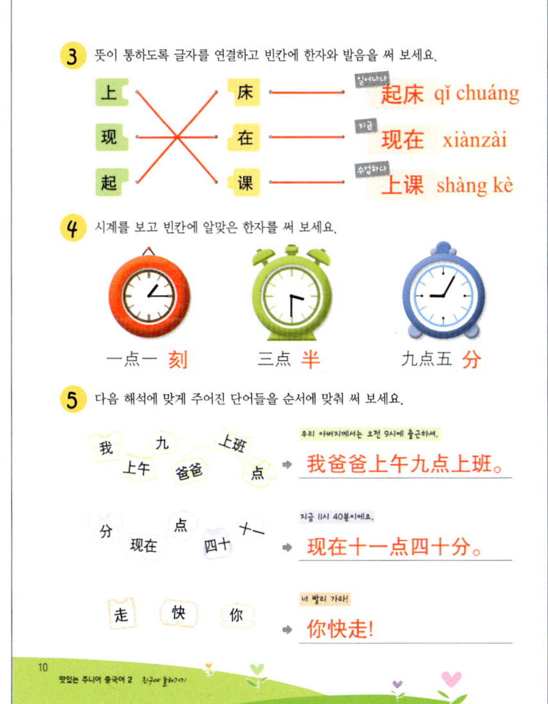

3 뜻이 통하도록 글자를 연결하고 빈칸에 한자와 발음을 써 보세요.

上   床   일어나다   起床 qǐ chuáng
现   在   지금   现在 xiànzài
起   课   수업하다   上课 shàng kè

4 시계를 보고 빈칸에 알맞은 한자를 써 보세요.

一点一 刻   三点 半   九点五 分

5 다음 해석에 맞게 주어진 단어들을 순서에 맞춰 써 보세요.

我 九 上班   우리 아버지께서는 오전 9시에 출근하셔.
上午 爸爸 点   →   我爸爸上午九点上班。

分 现在 点 十一   지금 11시 40분이예요.
                    →   现在十一点四十分。

走 快 你   너 빨리 가라!
                    →   你快走!

10 맛있는 주니어 중국어 2 친구야 놀러가기

现在几点?
现在九点半。

我们几点上课?
我们九点上课。

你快坐下。
对不起，老师。

2과 12쪽 · 13쪽 · 14쪽

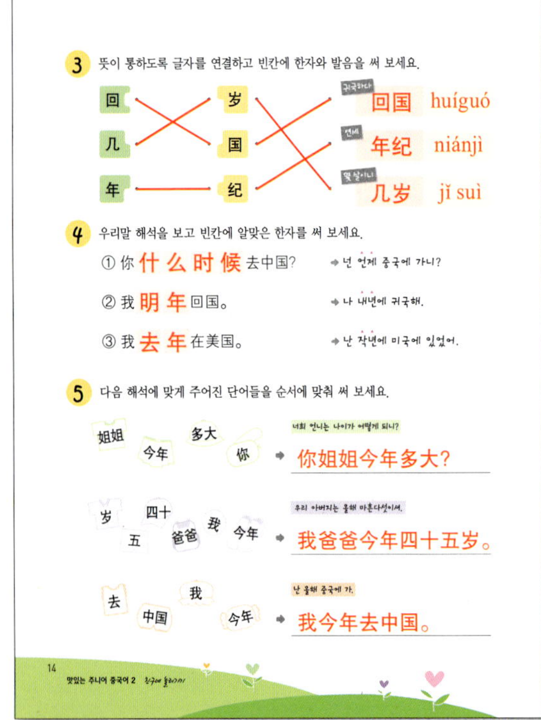

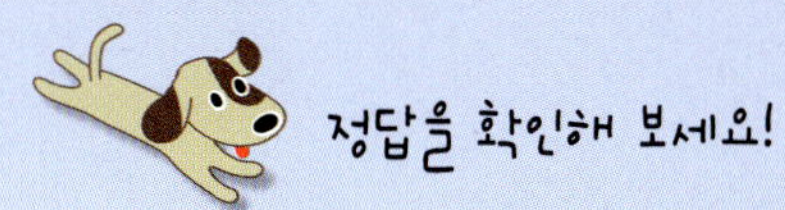

3과 16쪽 · 17쪽 · 18쪽

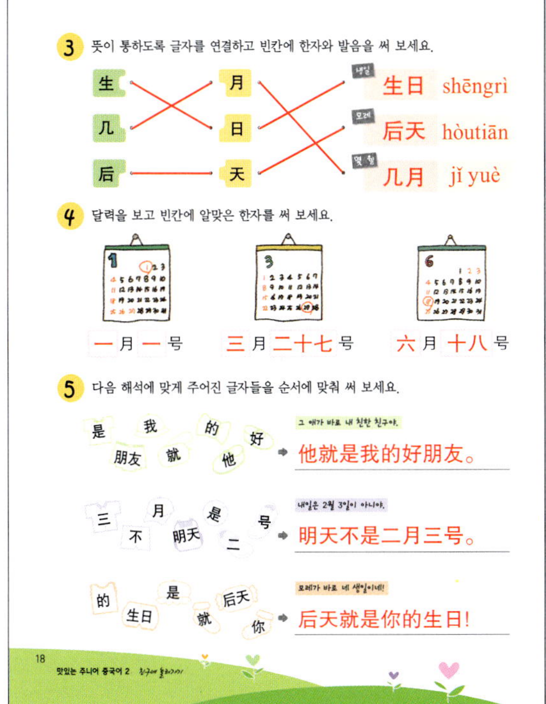

4과 20쪽 · 21쪽 · 22쪽

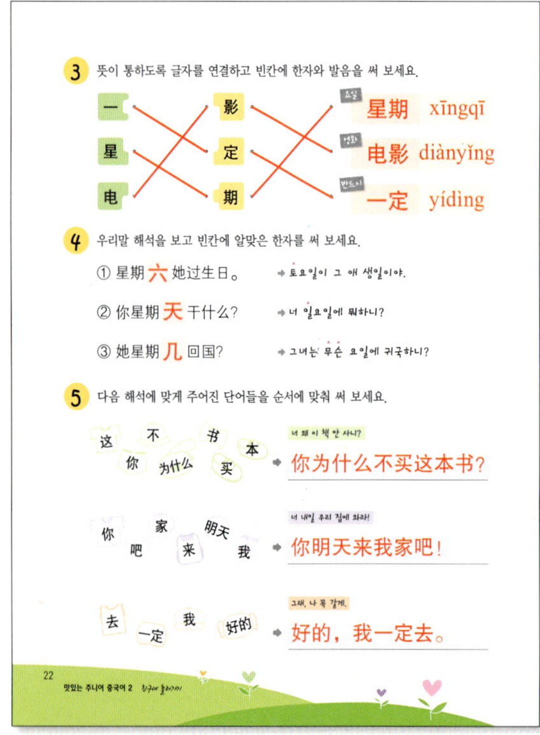

5과 24쪽 · 25쪽 · 26쪽

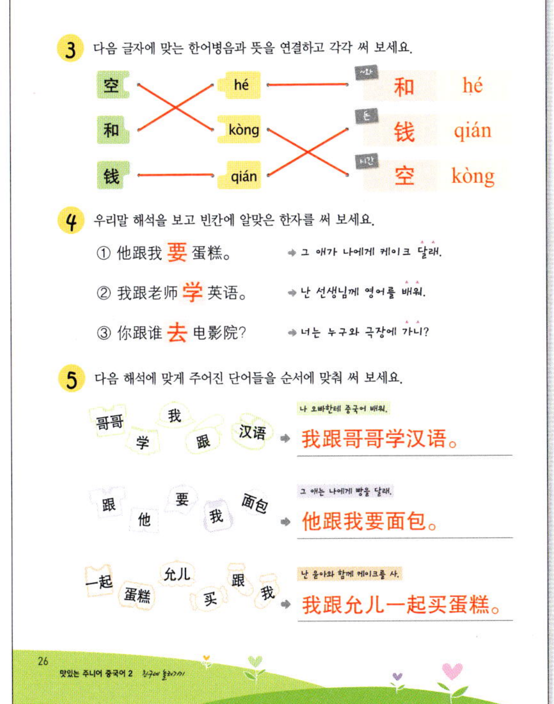

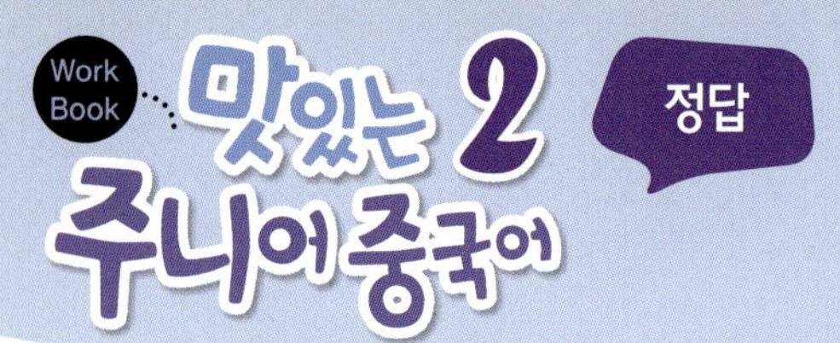

6과 28쪽 · 29쪽 · 30쪽

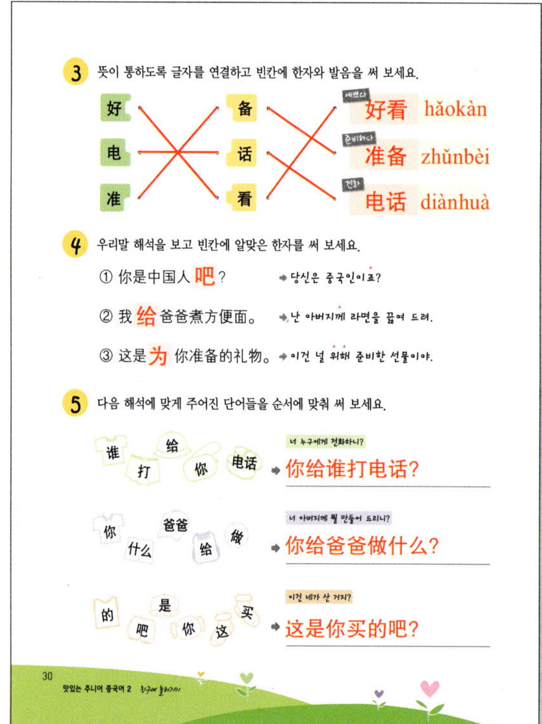

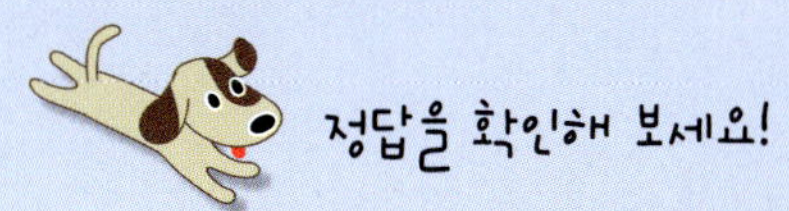

7과 32쪽 · 33쪽 · 34쪽

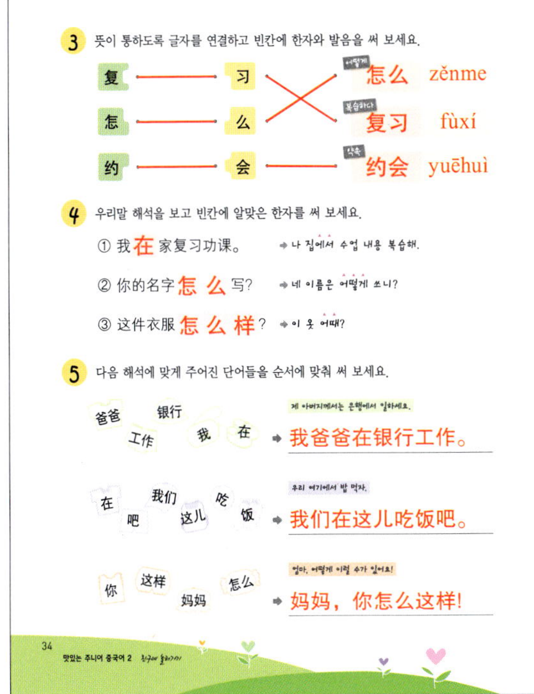

정답

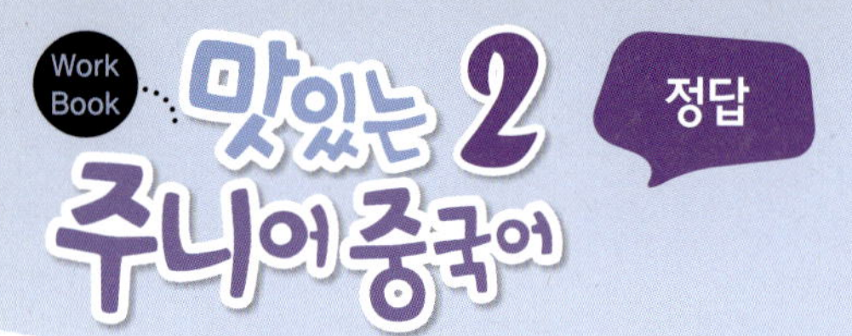

Work Book
맛있는 2
주니어 중국어
정답

第八课
우리 어디 가서 선물 살까?
我们去哪儿买礼物?
Wǒmen qù nǎr mǎi lǐwù?

1 그림에 맞는 문장을 만든 후, 주어진 단어로 교체 연습해 보세요.

① 怎么 去 ?
写
吃

② 我们去 中国 旅游 。
中国
饭馆儿   吃饭
百货商店   买礼物
网吧   玩儿电脑

③ 她 坐火车 去。
坐飞机
坐地铁
坐公共汽车

2 그림을 보고 대화를 완성한 후, 친구들과 큰 소리로 대화해 보세요.

我们去哪儿买礼物?
우리 어디 가서 선물 살까?

去百货商店买礼物。
백화점에 가서 선물 사자.

班

买什么礼物?
무슨 선물을 사지?

买文具怎么样?
문구를 사는 게 어때?

院

好! 我们怎么去?
좋아! 우리 어떻게 가지?

坐公共汽车去。
버스 타고 가자.

8과 我们去哪儿买礼物?

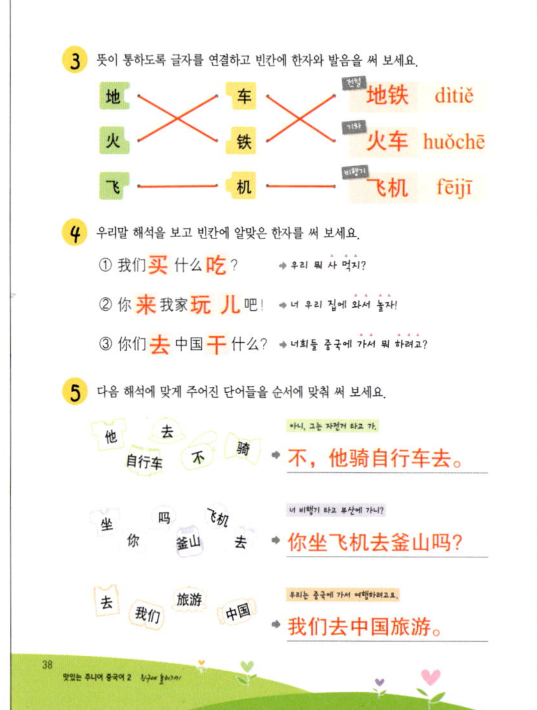

3 뜻이 통하도록 글자를 연결하고 빈칸에 한자와 발음을 써 보세요.

地   车   전철 地铁 dìtiě
火   铁   기차 火车 huǒchē
飞   机   비행기 飞机 fēijī

4 우리말 해석을 보고 빈칸에 알맞은 한자를 써 보세요.

① 我们买什么吃? ➡ 우리 뭐 사 먹지?

② 你来我家玩儿吧! ➡ 너 우리 집에 와서 놀자!

③ 你们去中国干什么? ➡ 너희들 중국에 가서 뭐 하려고?

5 다음 해석에 맞게 주어진 단어들을 순서에 맞춰 써 보세요.

他 去   아니, 그는 자전거 타고 가.
自行车 不 骑   ➡ 不，他骑自行车去。

坐 吗 飞机   너 비행기 타고 부산에 가니?
你 釜山 去   ➡ 你坐飞机去釜山吗?

去 我们 旅游   우리는 중국에 가서 여행하려고요.
中国   ➡ 我们去中国旅游。

9과 40쪽 · 41쪽 · 42쪽

第九课

난 인형을 살 거야

我要买娃娃
Wǒ yào mǎi wáwa

1 그림에 맞는 문장을 만든 후, 주어진 단어로 교체 연습해 보세요.

① → 我要 **看动画片** 。
去洗手间
买橘子
吃中国菜

② → 我不想 **买裤子** 。
喝可乐
去你家
吃泡菜

③ → 你不要 **喝** ！
去
吃
玩儿电脑

2 그림을 보고 대화를 완성한 후, 친구들과 큰 소리로 대화해 보세요.

3 뜻이 통하도록 글자를 연결하고 빈칸에 한자와 발음을 써 보세요.

裤 — 菜 — 泡菜 pàocài (김치)
好 — 喝 — 裤子 kùzi (바지)
泡 — 子 — 好喝 hǎohē (맛있다)

4 우리말 해석을 보고 빈칸에 알맞은 한자를 써 보세요.

① 允儿不 **喜欢** 娃娃。 → 윤아는 인형 안 좋아해.

② 我不 **要** 买裤子。 → 나 바지 안 살 거야.

③ 我 **要** 去洗手间。 → 나 화장실 가려고.

5 다음 해석에 맞게 주어진 단어들을 순서에 맞춰 써 보세요.

妈妈 / 不 / 泡菜 / 我 / 喜欢
엄마, 전 김치를 좋아하지 않아요!
→ **妈妈, 我不喜欢泡菜!**

你 / 我 / 买 / 铅笔盒 / 要 / 呢
난 필통을 살 거야, 넌?
→ **我要买铅笔盒, 你呢?**

要 / 什么 / 看 / 你
넌 뭘 볼 거니?
→ **你要看什么?**

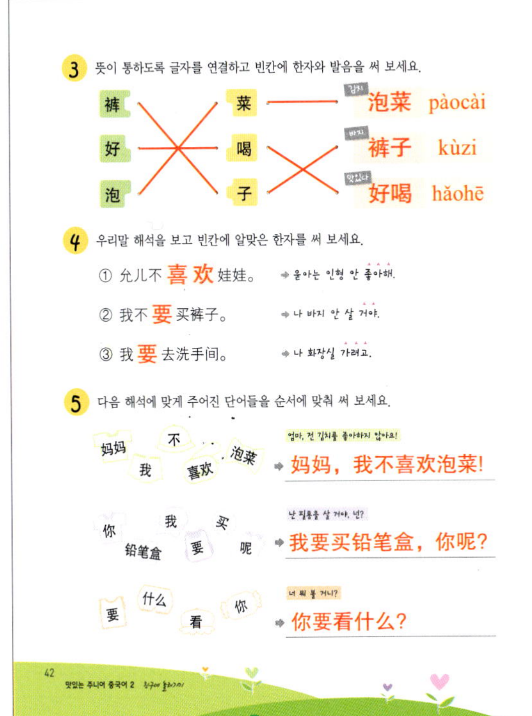

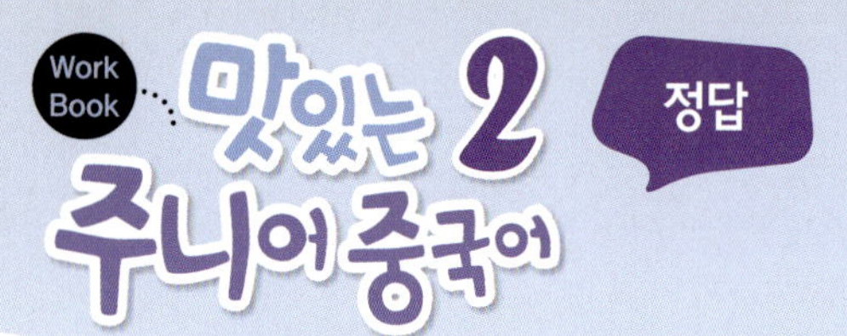

⑩과 44쪽 · 45쪽 · 46쪽

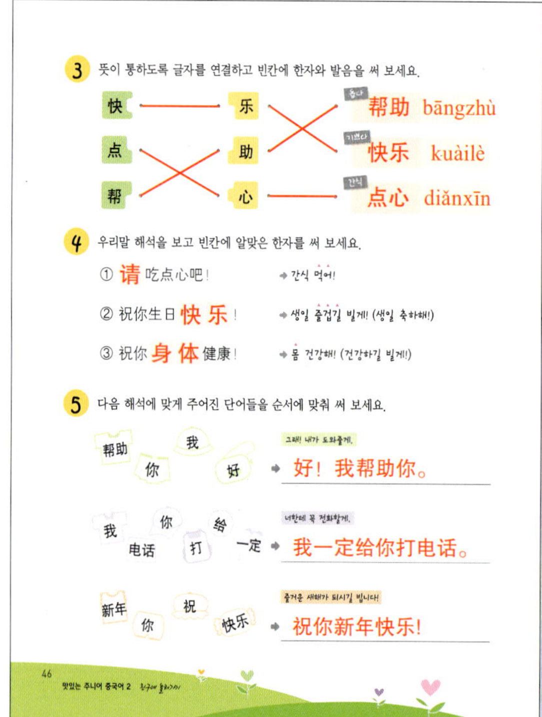

11과 48쪽 · 49쪽 · 50쪽

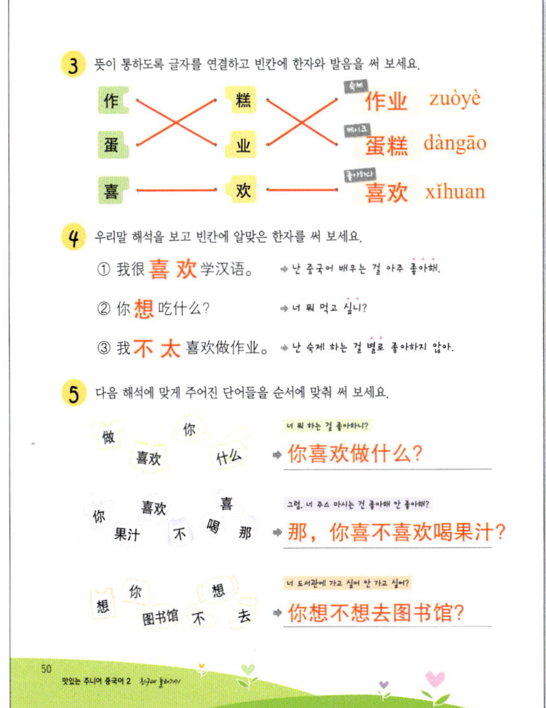

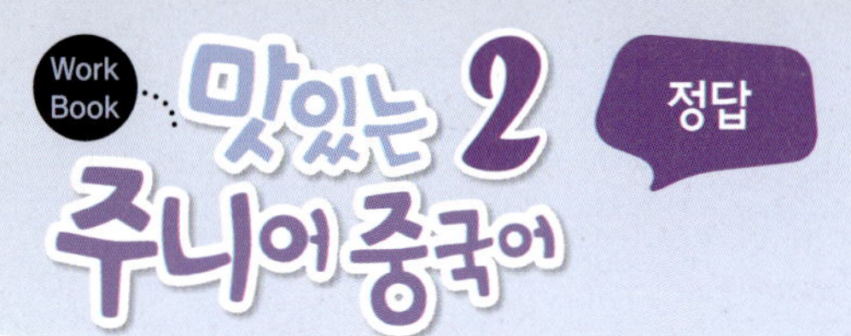

12과 52쪽 · 53쪽 · 54쪽

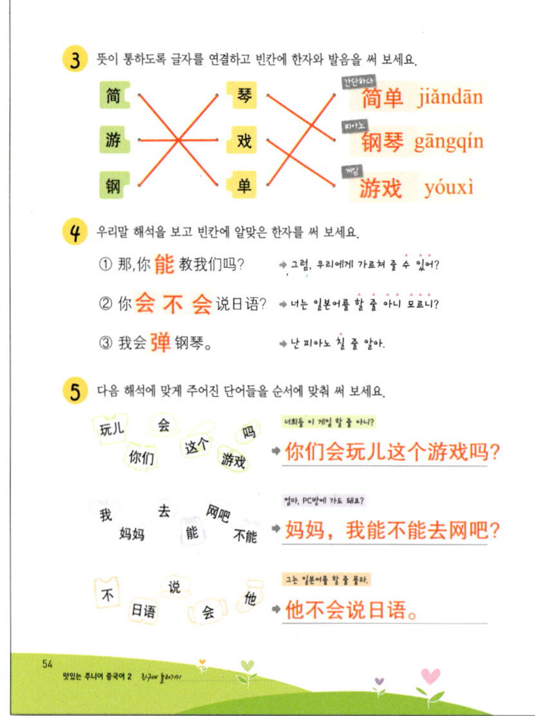